학령기 아동의 언어치료를 위한

④ 글자와 소릿값이 다른 낱말

소리나라 한글 배우기

김기주 · 김자경 공저

학지사

한글을 효과적으로 습득하기 위해서는 체계적인 읽기 원리에 바탕을 둔 학습이 이루어져야 합니다. 즉, 낱말 이해(의미), 낱말 소리(발음), 낱말 구성(철자)이라는 세 가지 요소가 동시적으로 고려된 학습이 이루어져야 한다는 의미입니다. 이러한 체계적 읽기 원리에 바탕을 둔 통합적 접근은 자연스럽고 효과적으로 한글을 습득할 수 있게 합니다.

읽기를 지도하는 방법은 여러 가지가 있습니다. 전통적인 방법으로는 자음과 모음의 형태와 소리를 알려 주고 그것의 결합 원리를 가르치는 발음 중심 접근법(phonics approach: ㄱ+ㅏ=가)이나, 쓰기훈련을 통해 발음 원리를 익히는 방법이 있습니다. 또한 새로 배울 낱말의 의미와 내용을 강조하는 동화를 읽어 주기 전에 플래시 카드로 낱말을 미리 보여 주고, 문장과 그림의 설명으로 확인해 보는 총체적 낱말지도법(whole-word approach)이나, 학생들로 하여금 자신이 쓴 이야기를 읽게 하는 언어 경험 접근법(language experience approach)도 있습니다. 특별한 읽기지도 방법으로는 새로 나온 낱말을 발음하면서 모래판 등에 글씨를 써 보거나 점토로 글자를 만들어 보며 익히는 다다감각 접근법(Fernald method), 손가락 등으로 글자를 쫓아가면서 지도자

의 소리와 자신의 소리를 들으면서 글을 읽는 신경학적 각인법(neurological imprinting)도 있습니다. 또한 음운인식 능력과 명명속도의 결함이 읽기장애를 예측하는 변인으로 밝혀지면서 음운인식 훈련과 명명속도 훈련법도 특별한 읽기지도 방법에 포함되었습니다.

저는 15년간 언어치료를 해 오면서 한글공부를 오랫동안 했지만 한글 습득이 안 된다는 난독증 아동, 글자를 읽을 수는 있지만 무슨 뜻인지를 모르는 지적장애 아동, 늘 남아서 받아쓰기를 하다가 학습에 흥미를 잃어버린 학습부진 아동 등, 한글학습에 어려움이 있는 아동들을 많이 만났습니다. 그리고 이들에게 한글지도를 하면서 느꼈던 전통적인 방식의 한계들을 극복하고자 읽기이론과 체계에 대하여 연구하였습니다. 특히 읽기장애 아동의 특성을 이해하여 음운인식 훈련과 명명속도 훈련 등 원인별 맞춤 지도 방법들을 시도하고 연구하였습니다.

하지만 읽기장애 아동에게 단편적인 원인론적 접근은 어느 정도의 개선을 가능하게 하나, 완전한 한글 습득을 돕는 데는 한계가 있었습니다. 음운 인식이나 명명 속도에 결함이 있는 읽기장애 아동들의 약점을 보완하는 것만으로

는 눈에 띄는 향상을 기대하기 어려웠던 것은 물론이고, 읽기 동기 자체가 약해지는 결과를 낳을 뿐이었습니다. 한글 습득은 조금 이해되면 다음 과정으로 넘어갈 수 있는 문제가 아닌, 100% 이해되어야 하는 기초학습능력입니다. 따라서 조금 향상된 결과만으로는 효과적인 해결책이라 제시하기 어렵습니다.

그러나 이 책에서는 단편적인 접근이 아닌, 낱말 이해(의미), 낱말 소리(발음), 낱말 구성(철자)의 세 가지 요소를 동시적으로 고려한 통합적 접근으로 한글지도가 이루어지기 때문에 완전한 한글 습득이 가능합니다. 또한 이론을 토대로 개발하여 임상현장에서 5년간 소리나라의 언어치료사들과 아동들이 실제로 활용하며 보완 · 발전시켰습니다.

사용 매뉴얼을 읽어 보면 특수교사나 언어치료사들뿐만 아니라, 부모님과 일반교사들도 손쉽게 지도할 수 있음을 알 수 있습니다. 이 책을 통해 아동들이 재미있게 한글공부를 하고, 자연스럽게 한글을 익혀 가는 모습을 지켜보실 수 있을 겁니다.

임상현장에 있으면서 국내에는 한글지도를 비롯하여 특별한 어려움을 가진 아동들을 위한 교재가 다양하지 못한 점이 늘 아쉬웠습니다. 그래서 박사과정을 시작할 때, 올바른 학문적 토대 위에 임상현장에서 손쉽게 적용할 수 있는 교재를 만들고 싶은 꿈을 꾸었습니다. 한글공부를 어떻게 시켜야 할지 막막하신 부모님들, 쉽고 재미있게 한글지도를 하고 싶은 선생님들, 체계적으로 한글지도를 돕고 싶은 치료사들 모두에게 이 교재가 유익한 도움이 되길 바랍니다.

통합적인 접근에 의한 한글지도서인 『학령기 아동의 언어치료를 위한 소리나라 한글 배우기』(1~4권)가 만들어질 수 있도록 이끌어 주신 김자경 교수

님께 감사드립니다. 여러 차례 수정될 때마다 임상연구를 맡아 주신 소리나라 언어치료사 은정, 혜선, 민혜, 혜은, 윤정, 신혜와 끝까지 응원해 준 남편과 아이들에게도 감사를 전합니다. 마지막으로, 나누기 위해 배워야 한다는 가르침을 주신 목사님들과 하나님께 감사드립니다.

구성 원리

글자를 익히기 위해서는 의미(낱말 이해), 발음(낱말 소리), 철자(낱말 구성)의 구성 원리를 인식하는 과정이 통합적으로 잘 이루어져야 합니다.

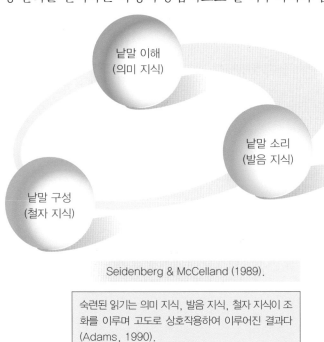

낱말 이해
(의미 지식)

낱말 소리
(발음 지식)

낱말 구성
(철자 지식)

Seidenberg & McCelland (1989).

숙련된 읽기는 의미 지식, 발음 지식, 철자 지식이 조화를 이루며 고도로 상호작용하여 이루어진 결과다 (Adams, 1990).

1. 한글교육은 아동이 의미를 알고 있는 낱말로 시작해야 합니다

일상생활에서 자주 들어 알고 있는 낱말에 대해서는 그 '의미'와 지칭하는 '발음'에 대한 인식이 이루어져 있기 때문에 글자를 익히기에 유리합니다. 낱말그림을 보고 '사과'라고 읽는 것은 의미과정에서 발음으로 이어지는 과정이고, 철자를 보고 '사과'라고 읽는 것은 해독과정에서 발음으로 이어지는 과정으로, 각각 분리되어 있는 것 같지만 글자와 낱말그림의 의미가 이해되는 과정이 통합되지 않는다면 장기기억으로 이어지지 않습니다.

2. 낱말 그림과 글자를 대응해 봄으로써 한글의 구성 원리를 이해할 수 있습니다

글자는 자음, 모음을 분리해서 익히는 것보다는 먼저 의미와 발음을 인식하고 있는 낱말을 글자와 대응해 보며 한글의 구성 원리를 인식하는 과정을 친숙하게 해 주는 것이 좋습니다. 종종 한글을 배울 때 따라쓰기를 시키는 경우가 있는데, 그림과 글자를 대응해 보고 해당 낱말에 대한 글자가 어떻게 이루어졌는지에 대한 시각적 기억이 이루어지지 않은 수준에서의 따라쓰기는 큰 효과가 없습니다.

각 권의 1단계는 글자의 시각적 기억을 돕는 단계로, 낱말그림과 글자를 대응하도록 구성되어 있습니다. 더 많은 연습이 필요할 경우에는 부록의 그림과 글자를 잘라 맞추기 게임처럼 활용해도 좋습니다. 이 단계에서는 낱말의 소리를 말하게 하는 것보다는 들려주는 것에 중점을 두는 것이 효과적입니다.

3. 읽기능력은 명명 속도와 관련 깊습니다

각 과제별 낱말그림과 글자를 대응하는 단계를 마치면 명명하기 과제가 주어집니다. 사물 명명하기(재인능력)는 읽기 기초능력을 향상시켜 줍니다. 1권의 경우, 사물 명명(그림 명명) 과제와 사물-글자 명명 과제를 따로 제시함으로써 이 과정에 더욱 충실할 수 있도록 하였습니다.

4. 글자를 보고 자동적으로 읽을 수 있을 때까지 연습해야 합니다

글자를 완전히 익히기 위해서는 "저 글자는 어떻게 읽지?"라고 물어본 후 아동이 조금도 주저함 없이 자동적으로 읽을 수 있을 때까지 반복해야 합니다. 2단계(1권의 경우는 3단계)는 낱말그림과 글자가 임의로 배열되어 있습니다. 처음부터 읽어 보라고 하는 것보다는 우선 낱말그림이나 글자를 찾아보는 게임으로 시작하면 좋습니다. 예를 들어 "사과는 어디 있지?"라고 물으면 아동이 낱말그림이나 글자를 찾도록 할 수도 있고, 낱말그림을 짚으며 "이 그림의 글자는 어디 있지?" 등으로 1단계의 복습처럼 도입하면 좋습니다.

그다음에는 낱말그림과 글자가 임의로 배열되어 있는 것을 하나씩 손으로 짚으며 '따라 말하기'를 한두 차례 합니다. 익숙하지 않은 과제에 대해 테스트만 많은 경우 그 자체로 흥미를 잃게 만들 수 있기 때문에 스스로 익숙하게 읽을 수 있을 때까지는 '따라 말하기'나 '같이 말하기' 활동을 반복해 주어야 합니다. 아동 스스로 읽는 것이 가능해지면 자동적으로 읽을 수 있을 때까지 반복연습을 하면 됩니다. 명명 속도는 18개의 명명과제를 15~25초 사이에 읽을 수 있으면 적절합니다.

5. 낱말의 의미와 소리를 익힌 다음에는 낱말을 제대로 익혔는지 확인하는 복습 과정이 필요합니다

4개의 과제가 끝날 때마다 1권에서는 낱말 빙고 활동을 2, 3권에서는 음절 변별과 음성 합성의 음운인식훈련을 구성하여 익힌 낱말에 대해 복습할 수 있도록 하였습니다. 4권에서는 철자를 바르게 익혔는지 확인하기 위해 비슷한 글자 중에서 알맞은 글자를 변별해 내는 과정을 두었습니다. 즉, 거짓낱말을 제시함으로써 시기억에 대해 확인할 수 있게 하였습니다. 이 과정에서 비슷한 오류가 반복되는 경우, 도형 변별력을 높여 주는 칠교놀이 등의 활동을 병행하는 것이 도움이 될 수 있습니다.

6. 효과적인 학습을 위해 한 회기당 6개의 낱말로 구성했습니다

연구에 의하면, 한 번에 5~7개의 낱말을 익히는 것이 가장 효과적이라고 합니다. 너무 많은 양이 제시되면, 한 개의 낱말도 제대로 익히지 못하는 결과를 초래합니다. 그리고 제시하는 낱말 중에 이미 알고 있는 낱말이 40~70% 포함되어 있을 때 최적의 학습이 이루어진다고 합니다. 따라서 1, 2권은 아동이 한글학습에 흥미를 잃지 않도록 낱말을 반복 구성하였습니다.

7. 읽기능력은 음운인식능력과 관련 깊습니다

음운인식능력이란 '/사과/에서 /사/ 소리를 빼면 어떤 소리만 남을까? (/과/)' '/바/에 /ㄹ/을 더하면 어떤 소리가 될까? (/발/)'와 같이 발음을 조합하고 구성하는 능력입니다. 한글 습득을 힘들어하는 아동들은 대체로 음운인식능력이 낮은 편입니다. 음운인식훈련을 용이하게 하기 위해서는 친숙한 낱말그림과 같은 힌트가 제공될 필요가 있습니다.

1, 2, 3권에서는 4개의 과제를 마칠 때마다 그동안에 배운 낱말을 활용하여 음운인식훈련을 하도록 구성되어 있습니다. 한 과제에서 다루는 6개의 낱말은 음절 변별을 할 수 있도록 첫음절과 끝음절이 동일한 낱말 2개씩을 포함하여 구성하였습니다. 한글을 익히는 데 있어 음운인식훈련이 필요하지만 한글을 처음 익히거나 한글 습득이 곤란한 읽기장애 아동의 경우에는 음운인식훈련에 지나치게 초점을 두는 것은 바람직하지 않기 때문에 1권에서는 음운인식훈련으로 음절 변별 과제만을 구성하였습니다.

8. 음운 변동이 일어나는 원리가 같은 낱말끼리 묶어 학습하는 것이 좋습니다

기초적인 자모지식을 획득하려면 한글에 대한 의미-발음-철자에 대한 통합적인 교육이 바탕이 되어야 합니다. 그리고 나서 음운 변동이 일어나는 낱말을 학습해야 읽기 유창성이 완성될 수 있습니다. 이때 음운 변동이 일어나는 원리가 같은 낱말을 함께 익히는 것이 효과적입니다. 4권은 연음법칙(낙엽-/나겹/), 구개음화(해돋이-/해도지/), 비음화(목마-/몽마/), 된소리화(보름달-/보름딸/)를 보이는 낱말들로 묶었으며 그림으로 표현될 수 있고 음운 변동이 일어나는 대표적인 낱말로 구성하였습니다.

〈각 권별 구성〉

『학령기 아동의 언어치료를 위한 소리나라 한글 배우기』는 총 4권으로, 각 권의 구성은 다음과 같습니다.

❖ 1권은 받침이 없는 낱말, 2권은 받침이 있는 낱말로 이루어져 있고, 1, 2권의 낱말은 유치원 교육과정에 포함되어 있습니다.

❖ 3권은 글자와 소릿값이 같은(음운 변동이 일어나지 않는) 낱말, 4권은 글자와 소릿값이 다른(음운 변동이 일어나는) 낱말과 문장으로 구성되어 있고, 3, 4권의 낱말은 초등학교 1~2학년 교육과정에 포함되어 있습니다.

❖ 2, 3권은 친숙한 동요의 가사를 포함하여 짧은 글을 읽어 보는 활동을 해 볼 수 있도록 구성되어 있습니다.

TIP • 각 권의 낱말을 90% 이상 습득한 후 다음 권으로 넘어가는 것이 좋습니다.
• 복습 방법은 각 과제를 두 번씩 다루기, 4개의 과제가 끝날 때마다 재복습하기, 모든 과제를 마치면 처음부터 다시 해 보기 등이 있으며, 아동의 흥미도에 따라 선택하시면 좋습니다.

참고문헌

Seidenberg, M. S., & McClelland, J. L. (1989). A distributed, developmental model of visual word recognition and naming. *Psychological Review, 96*, 523-568.

Adams, M. J. (1990). *Beginning to read: Thinking and learning about print*. Cambridge, MA: MIT Press.

『학령기 아동의 언어치료를 위한 소리나라 한글 배우기』 4권에 수록된 낱말은 초등학교 1~2학년 교육과정에 포함되어 있으며, 음운 변동이 일어나는(글자와 소릿값이 다른) 낱말로 구성되어 있습니다. 글자의 구성원리를 이해하기 힘들어하는 읽기장애(난독증) 아동이나 받아쓰기를 힘들어하는 아동에게 유리하며, 3권에 수록된 낱말을 읽을 수 있는 아동은 4권부터 사용해도 무방합니다. 4권도 아동의 성취감과 한글학습에 대한 흥미 및 동기 유발을 고려하여 각 과제를 6개의 낱말로 구성하였으며, 16회기 동안 96개의 낱말을 반복하여 익힐 수 있게 구성되어 있습니다.

각 과제는 다음과 같은 단계로 이루어져 있습니다.

❖ 1단계: 낱말그림-글자 대응
❖ 2단계: 사물-글자 명명
❖ 3단계: 철자 변별
❖ 4단계: 문장 읽기
❖ 5단계: 문장 듣기

1단계는 낱말그림–글자 대응하기 과제입니다. 6개의 글자와 낱말그림을 맞춰 보면서 글자의 의미를 익히도록 구성되었습니다.

〈1단계 활동 시범〉

1. 교사가 그림의 이름을 명명해 줍니다.
   예 교사: ('문어' 그림을 가리키며) /무너/, ('웃음' 그림을 가리키며) /우슴/ …….

2. 교사가 글자의 소릿값을 말합니다.
   예 교사: ('낙엽' 글자를 가리키며) /나겹/, ('문어' 글자를 가리키며) /무너/ …….

3. 그림과 글자를 연결시켜 봅니다.
   예 교사: ('문어'를 가리키며) 이건 뭘까?
   아동: /무너/.
   교사: 그래, 문어야. 이제 '문어' 글자를 한 번 찾아볼까?

| 낙엽 | 문어 | 얼음 | 참외 | 음악 | 웃음 |

아동이 쉽게 익히지 못한다면, 부록의 글자와 그림카드로 맞추기 놀이를 하며 복습해 보세요. 교사가 말하는 글자나 그림카드를 빨리 찾는 놀이도 할 수 있겠죠. 아동의 습득 속도를 고려해서 교사가 글자카드를 집고 아동에게 쉬운 그림카드를 찾을 수 있게 하거나, 반대로 낱말 찾기 놀이를 하는 것도 좋은 학습방법입니다.

2단계는 글자와 그림으로 구성된 낱말을 명명하기입니다. 글자의 자음과 모음의 구성을 눈으로 익히고, 소릿값과 연결시켜 보는 것이 목적이므로 교사(부모) 따라 읽기와 함께 읽기를 충분히 하는 것이 좋습니다.

〈2단계 활동 시범〉

1. 교사가 명명하는 낱말을 아동이 찾도록 합니다.
   예 교사: '참외'는 어디 있지?
   * 아동이 그림카드를 지적한다면, 교사는 글자카드도 함께 가리켜 줍니다.
   * 아동이 글자카드를 지적하는 것이 편안해지면 다음 활동으로 넘어갑니다.

2. 교사가 그림과 글자의 이름을 명명해 주면, 아동이 따라 말하게 합니다.
   예 교사: ('참외' 그림을 가리키며) /차뫼/, ('웃음' 글자를 가리키며) /우슴/ ······.
   아동: /차뫼/ ······ /우슴/ ······.

3. 교사와 아동이 함께 그림과 글자의 이름을 명명합니다.
   예 교사와 아동: ('참외' 그림을 가리키며) /차뫼/, ('웃음' 글자를 가리키며) /우슴/.
   * 아동이 명명하는 것을 편안해하면 교사는 목소리를 작게 하는 것이 좋고, 아동이 명명하는 것을 어려워한다면 교사는 큰 목소리로 해 주는 것이 좋습니다.

4. 아동 혼자 명명하게 합니다.
   예 교사: 이제 너 혼자 읽어 보렴(전체 속도를 측정한다).
   * 15~25초 사이에 명명할 수 있다면 3단계로 넘어가도 됩니다.

낱말 찾기	선생님 따라 읽기	선생님과 같이 읽기	혼자 읽기(15~25초 사이에 읽으면 다음 과제로 넘어가기)		
성공한 횟수:	1회 ○ 2회 ○ 3회 ○	1회 ○ 2회 ○ 3회 ○	1회: 초	2회: 초	3회: 초

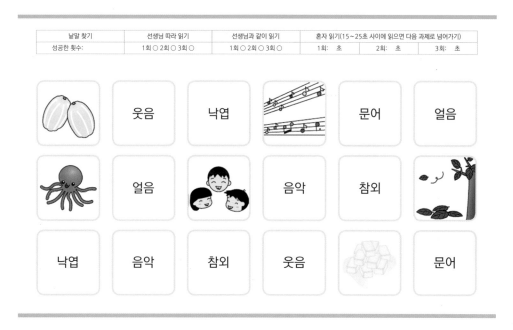

읽기장애(난독증)를 가진 아동의 경우에는 같은 글자에 형광펜으로 색칠을 해 주면 자음과 모음의 구성과 소릿값과의 연결을 하는 과정에 도움이 됩니다.

3단계는 올바른 철자로 구성된 낱말을 찾는 과제입니다.

불러 주는 말을 잘 듣고 바르게 쓰인 낱말을 찾아보세요.

낙엽	학용픔	시용유	문여	음악	웃음
나겹	하공품	식용유	무너	으막	웃음
낙녑	학공품	시공유	묻어	읍악	우슴
낙엽	학용품	식용류	문어	음막	웇음
낙겹	학용품	식용류	물어	음각	웃음

• 음운 변동 규칙별 색 구분

선생님 따라 읽기	선생님과 같이 읽기	혼자 읽기(15~25초 사이에 읽으면 다음 과제로 넘어가기)		
1회○ 2회○ 3회○	1회○ 2회○ 3회○	1회: 초	2회: 초	3회: 초

작아진 신발	소식을 전해요
기억에 남는 일	손뼉을 쳐요
즐거운 음악 시간	한복을 입은 아가씨
학용품이 든 가방	웃음꽃이 피어요
나무에서 떨어진 낙엽	일요일은 목욕탕에 가요

연음화	주황 (예: 얼음 → 어름)
	빨강 (예: 북한 → 북칸)
구개음화	파랑 (예: 해돋이 → 해도지)
비음화	초록 (예: 먹물 → 멍물)
된소리화	분홍 (예: 떡국 → 떡꾹)
이중받침 생략 ㅅ, ㅈ의 ㄷ으로의 변화	보라 (예: 많은 → 마는, 재미있는 → 재미읻는)
유음화	연두 (예: 한라산 → 할라산)

   4단계는 구 또는 문장에서 음운 변동이 일어나는 낱말을 확인하며 읽어 보는 과제입니다. 같은 규칙이 적용되는 것을 색으로 구분해 주면 음운 변동의 원리를 이해하는 데 효과적입니다.

5단계　문장 듣기

5단계 문장 듣기는 대충 듣고 읽는 습관 때문에 아는 글도 틀리게 읽는 학생들이 주의 깊게 듣고 읽을 수 있도록 도와주는 훈련 단계입니다. 쉽게 빠트리고 읽는 조사, 어간을 생략한 문장을 제시해 두고, 들려주는 글과 다른 부분을 찾게 함으로써 조사와 어간을 주의 깊게 듣는 힘이 자라도록 구성하였습니다. 더불어 글을 정확하게 보지 않고, 알고 있는 낱말로 생각하여 읽는 습관을 고칠 수 있도록 바꿔 읽기 쉬운 낱말들도 함께 구성했습니다. 각 과제별로 6개의 문장은 한 주제로 구성하여 이해력과 사고력에도 도움이 될 수 있도록 하였습니다.

선생님이 들려주는 것과 다른 부분에 표시하고, 들은 대로 바르게 고쳐 쓰세요(선생님은 교사용 문장을 읽어 주세요).

예 교사) 꾸러기 곰돌이가 별들과 여행을 떠났습니다. → 학생) 꾸러기 곰돌이가 별과 여행을 떠났습니다.
　　　　　　　　　　　　　　　　　　　　　　　　　　　　　　　　　　　　　　별들과

1 꾸러기 곰돌이는 다람쥐 별자리 찾고 싶었습니다.
　↳

2 저 하늘에는 분명 다람쥐 별자가 있을 거예요.
　↳

3 저렇게 많은 별 중에서 다람쥐 별자리를 어떻게 찾을 수 있을까요?
　↳

4 야호, 저기에 다람쥐 별이 보여요.
　↳

5 별이 아무리 많아도 람쥐 별자리는 금방 찾을 수 있어요.
　↳

머리말 ·· 3

구성 원리 ·· 5

4권 사용 매뉴얼 ··· 9

과제 1 ·· 17

과제 2 ·· 25

과제 3 ·· 33

과제 4 ·· 41

과제 5 ·· 49

과제 6 ·· 57

과제 7 ·· 65

과제 8 ·· 73

과제 9 ·· 81

과제 10 ·· 89

과제 11 ·· 97

과제 12 ··· 105

과제 13 ··· 113

과제 14 ··· 121

과제 15 ··· 129

과제 16 ··· 137

부록 ·· 145

4권 아동 반응 기록지 ·· 146

[5단계–문장 듣기] 교사용 문장 ·· 147

글자–그림카드 맞추기 ··· 151

글자와 소릿값이 다른 낱말을 읽을 수 있어요.

과제 1 에서 배우는 낱말

	낙엽	얼음	참외	문어	음악	웃음
학습 전						
학습 후						

◉ 읽을 수 있는 낱말에 ○ 하세요.

낙엽　문어　얼음　참외　음악　웃음

과제 1-2단계 [사물-글자 명명]

낱말 찾기	선생님 따라 읽기	선생님과 같이 읽기	혼자 읽기(15~25초 사이에 읽으면 다음 과제로 넘어가기)		
성공한 횟수:	1회 ○ 2회 ○ 3회 ○	1회 ○ 2회 ○ 3회 ○	1회: 초	2회: 초	3회: 초

웃음

낙엽

문어

얼음

얼음

음악

참외

낙엽

음악

참외

웃음

문어

불러 주는 말을 잘 듣고 바르게 쓰인 낱말을 찾아보세요.

낙역	학용품	시용유	문여	음악	웃음
나겹	하공품	식용유	무너	으막	웃은
낙녑	학공품	시공유	묻어	읍악	우슴
낙엽	학용품	식용류	문어	음막	웇음
낙겹	학옹품	식옹류	물어	음각	웃음

과제 1-4단계 [문장 읽기]

선생님 따라 읽기	선생님과 같이 읽기	혼자 읽기(15~25초 사이에 읽으면 다음 과제로 넘어가기)		
1회 ○ 2회 ○ 3회 ○	1회 ○ 2회 ○ 3회 ○	1회: 초	2회: 초	3회: 초

작아진 신발	소식을 전해요
기억에 남는 일	손뼉을 쳐요
즐거운 음악 시간	한복을 입은 아가씨
학용품이 든 가방	웃음꽃이 피어요
나무에서 떨어진 낙엽	일요일은 목욕탕에 가요

선생님이 들려주는 것과 다른 부분에 표시하고, 들은 대로 바르게 고쳐 쓰세요(선생님은 교사용 문장을 읽어 주세요).

예 교사) 꾸러기 곰돌이가 별들과 여행을 떠났습니다. → 학생) 꾸러기 곰돌이가 <u>별과</u> 여행을 떠났습니다.
별들과

1 꾸러기 곰돌이는 다람쥐 별자리 찾고 싶었습니다.
↳

2 저 하늘에는 분명 다람쥐 별자가 있을 거예요.
↳

3 저렇게 많은 별 중에서 다람쥐 별자리를 어떻게 찾을 수 있을까요?
↳

4 야호, 저기에 다람쥐 별이 보여요.
↳

5 별이 아무리 많아도 람쥐 별자리는 금방 찾을 수 있어요.
↳

글자와 소릿값이 다른 낱말을 읽을 수 있어요.

과제 2에서 배우는 낱말

	학용품	목욕탕	외톨이	식용유	놀이터	책꽂이
학습 전						
학습 후						

◉ 읽을 수 있는 낱말에 ○ 하세요.

책꽂이 학용품 귀걸이 외톨이 식용유 놀이터

낱말 찾기	선생님 따라 읽기	선생님과 같이 읽기	혼자 읽기(15~25초 사이에 읽으면 다음 과제로 넘어가기)		
성공한 횟수:	1회 ○ 2회 ○ 3회 ○	1회 ○ 2회 ○ 3회 ○	1회: 초	2회: 초	3회: 초

		놀이터	귀걸이	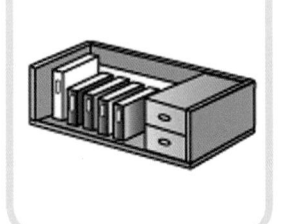	학용품
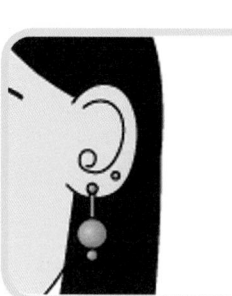	책꽂이		식용유	놀이터	외톨이
외톨이	식용유	책꽂이	학용품		귀걸이

불러 주는 말을 잘 듣고 바르게 쓰인 낱말을 찾아보세요.

학용풍	귀걸리	외토리	식용유	놀이텨	책꼬지
하공품	귀거리	외톨이	시공유	놀이터	책꾾이
학용붐	귀걸이	왜톨이	식용류	노리터	책꽂이
하욕품	귀건리	외톨리	식욕유	놀리터	책꼬시
학용품	귀겨이	외틀이	시용류	눌이터	책꽂이

과제 2-4단계 [문장 읽기]

선생님 따라 읽기	선생님과 같이 읽기	혼자 읽기(15~25초 사이에 읽으면 다음 과제로 넘어가기)		
1회 ○ 2회 ○ 3회 ○	1회 ○ 2회 ○ 3회 ○	1회: 초	2회: 초	3회: 초

차가운 얼음물

김치볶음밥을 먹어요

신나는 놀이터

은혜를 갚은 여우

외톨이 할아버지

여름이 가고 가을이 오네

내 이름은 토순이

찢어진 우산을 들고 가요

비바람이 몰아치는 밤

아기 염소 여럿이 풀을 뜯어요

선생님이 들려주는 것과 다른 부분에 표시하고, 들은 대로 바르게 고쳐 쓰세요(선생님은 교사용 문장을 읽어 주세요).

1 친구들이 모두 모여 목욕 하나 봐요.
　ㄴ→

2 쓱쓱 싹싹, 첨벙첨 재미있게 목욕을 하네요.
　ㄴ→

3 깔깔거리는 웃음소리 여기까지 들려요.
　ㄴ→

4 하지만 나는 목욕하 게 제일 싫어요.
　ㄴ→

5 나는 물을 싫어하거든요.
　ㄴ→

6 그래도 오늘은 재있게 목욕할 수 있을 것 같아요.
　ㄴ→

글자와 소릿값이 다른 낱말을 읽을 수 있어요.

과제 3에서 배우는 낱말

	등받이	미닫이	물받이	턱받이	해돋이	가을걷이
학습 전						
학습 후						

◉ 읽을 수 있는 낱말에 ○ 하세요.

등받이 미닫이 가을걷이 턱받이 해돋이 물받이

낱말 찾기	선생님 따라 읽기	선생님과 같이 읽기	혼자 읽기(15~25초 사이에 읽으면 다음 과제로 넘어가기)		
성공한 횟수:	1회 ○ 2회 ○ 3회 ○	1회 ○ 2회 ○ 3회 ○	1회:　초	2회:　초	3회:　초

 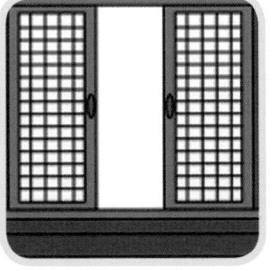 턱받이 해돋이 등받이 물받이

미닫이 턱받이  가을걷이 물받이 등받이

 가을걷이 미닫이  해돋이

불러 주는 말을 잘 듣고 바르게 쓰인 낱말을 찾아보세요.

둔받지	미다지	물받이	턱받지	해도지	가을걷이
듣받지	미닫이	물바지	턱받지	해도치	가을거지
등바지	미닺이	물맞이	턱밫이	해돋디	거을겆이
등받지	미닺지	물밫이	턱바지	해돋이	거을걷이
등받이	미닫디	물받지	턱받이	해돋지	가을겆지

과제 3-4단계 [문장 읽기]

선생님 따라 읽기	선생님과 같이 읽기	혼자 읽기(15~25초 사이에 읽으면 다음 과제로 넘어가기)		
1회 ○ 2회 ○ 3회 ○	1회 ○ 2회 ○ 3회 ○	1회: 초	2회: 초	3회: 초

할머니의 반닫이

등받이가 없는 의자

미닫이문과 여닫이문

빗물을 받아 놓은 물받이

바닷가에서 본 해돋이 광경

곧이곧대로 말하다

가을걷이가 끝난 들판

집 안을 샅샅이 뒤지다

끝이 보이지 않는 숙제

나랑 같이 해 보는 게 어때?

선생님이 들려주는 것과 다른 부분에 표시하고, 들은 대로 바르게 고쳐 쓰세요(선생님은 교사용 문장을 읽어 주세요).

1 1학년 5반 친구들이 숨박꼭질을 합다.
↳

2 가위바위보, 누가 누 술래일까요?
↳

3 지혜가 술래 되었어요.
↳

4 친구들이 을 때까지 지혜는 눈을 감고 있어야 해요.
↳

5 무궁화 꽃 피었습니다.
↳

6 나무 뒤에 숨은 철이를 찾았습니다.
↳

글자와 소릿값이 다른 낱말을 읽을 수 있어요.

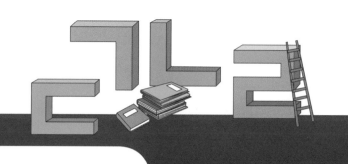

과제 4에서 배우는 낱말

	인형	전화	만화	간호사	신호등	봉선화
학습 전						
학습 후						

◉ 읽을 수 있는 낱말에 ○ 하세요.

| 인형 | 전화 | 만화 | 간호사 | 신호등 | 봉선화 |

과제 4-2단계 [사물-글자 명명]

낱말 찾기	선생님 따라 읽기	선생님과 같이 읽기	혼자 읽기(15~25초 사이에 읽으면 다음 과제로 넘어가기)		
성공한 횟수:	1회 ○ 2회 ○ 3회 ○	1회 ○ 2회 ○ 3회 ○	1회: 초	2회: 초	3회: 초

간호사	신호등	봉선화			만화
	간호사		인형	전화	봉선화
인형		전화	만화	신호등	

불러 주는 말을 잘 듣고 바르게 쓰인 낱말을 찾아보세요.

이형	전하	만나	건호사	신노등	봉선회
인녕	저화	마나	가노사	신호둥	봉서나
안녕	저하	만화	간효사	시호등	봉선화
인형	저나	만하	간호사	신호등	봉션회
인헝	전화	만회	간호시	시노등	붕선화

선생님 따라 읽기	선생님과 같이 읽기	혼자 읽기(15~25초 사이에 읽으면 다음 과제로 넘어가기)		
1회 ○ 2회 ○ 3회 ○	1회 ○ 2회 ○ 3회 ○	1회: 초	2회: 초	3회: 초

아빠와 곰 인형

할머니, 전화 왔어요!

우리 동네 신호등

재미있는 만화책

판화로 작품을 만들다

어머니의 온화한 미소

포켓몬의 진화 이야기

주사를 놓고 있는 간호사

박물관에 견학을 갑니다

꽃밭에 봉선화가 활짝 피었어요

선생님이 들려주는 것과 다른 부분에 표시하고, 들은 대로 바르게 고쳐 쓰세요(선생님은 교사용 문장을 읽어 주세요).

1 가족들 동물원 구경을 다녀왔습니다.
↳

2 펭귄들은 언제 봐도 귀워요.
↳

3 수달이 움직이는 모습은 이리저리 튀 공처럼 빨라요.
↳

4 모래 위에 있는 카멜온은 쉽게 구별이 안 돼요.
↳

5 타조가 목을 길게 내밀며 눈으로 쳐다보면 무서워요.
↳

6 사자 동물의 왕답게 큰 목소리로 으르렁거리네요.
↳

글자와 소릿값이 다른 낱말을 읽을 수 있어요.

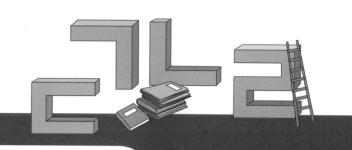

과제 5에서 배우는 낱말

	국화	식혜	북한	축하	독학	국회
학습 전						
학습 후						

◉ 읽을 수 있는 낱말에 ○ 하세요.

국화 　 식혜 　 북한 　 축하 　 독학 　 국회

과제 5-2단계 [사물-글자 명명]

식혜		국화	축하	국회	
국화	북한	축하			독학
독학	식혜	축하	북한		

불러 주는 말을 잘 듣고 바르게 쓰인 낱말을 찾아보세요.

국하	식헤	복한	축카	독칵	국회
구카	식혜	부칸	추카	도칵	구괴
국카	시계	부탄	추학	독학	곡회
국화	식계	북칸	축하	독하	구케
국회	시켸	북한	축허	둑학	국케

과제 5-4단계 [문장 읽기]

선생님 따라 읽기	선생님과 같이 읽기	혼자 읽기(15~25초 사이에 읽으면 다음 과제로 넘어가기)		
1회 ○ 2회 ○ 3회 ○	1회 ○ 2회 ○ 3회 ○	1회: 초	2회: 초	3회: 초

시원한 식혜 한 잔

생일 축하해요

가슴 뿌듯한 하루

감기로 코가 막혔어요

장미꽃 한 송이

우리 집 강아지를 부탁해

낙하산을 타고 내려오는 군인

초등학교에 입학한 동생

국화 축제가 열리는 가을

옷 한 벌 없는 가난한 노인

선생님이 들려주는 것과 다른 부분에 표시하고, 들은 대로 바르게 고쳐 쓰세요(선생님은 교사용 문장을 읽어 주세요).

1 여름에는 시원 수박이 최고예요.
↳

2 수박은 화채로 만들어 먹으 더욱 맛있어요.
↳

3 먼저, 커다란 그릇과 칼을 준해요.
↳

4 그리고 수박, 자두, 복숭아, 키위 등 맛있는 과일을 썰요.
↳

5 마지막으로, 얼과 사이다를 부어 섞어 보세요.
↳

6 한여름의 더위를 날려버릴 시원한 부채가 완성되었어요.
↳

글자와 소릿값이 다른 낱말을 읽을 수 있어요.

과제 6에서 배우는 낱말

	송곳	다섯	버섯	그릇	빗물	수돗물
학습 전						
학습 후						

◉ 읽을 수 있는 낱말에 ○ 하세요.

그릇 다섯 버섯 송곳 빗물 수돗물

낱말 찾기	선생님 따라 읽기	선생님과 같이 읽기	혼자 읽기(15~25초 사이에 읽으면 다음 과제로 넘어가기)		
성공한 횟수:	1회 ○ 2회 ○ 3회 ○	1회 ○ 2회 ○ 3회 ○	1회: 초	2회: 초	3회: 초

	수돗물	그릇		빗물	
다섯	송곳	버섯		수돗물	그릇
빗물	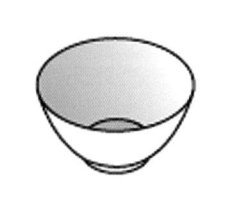	다섯	송곳	버섯	

불러 주는 말을 잘 듣고 바르게 쓰인 낱말을 찾아보세요.

송곧	다섯	바섯	그릇	빙물	수돈물
송곶	다섣	버섯	그른	빗물	수도물
송곳	다섲	버섣	그륵	빋물	수돗물
송꼳	다석	버션	그릇	빚물	수돚물
송굿	다셧	버젓	그룬	빗뮬	수독물

과제 6-4단계 [문장 읽기]

선생님 따라 읽기	선생님과 같이 읽기	혼자 읽기(15~25초 사이에 읽으면 다음 과제로 넘어가기)		
1회 ○ 2회 ○ 3회 ○	1회 ○ 2회 ○ 3회 ○	1회: 초	2회: 초	3회: 초

방긋 웃는 아기

호랑이와 곶감

그릇을 씻는 어머니

송편을 빚는 추석

안전한 수돗물

온갖 정성을 기울이다

오늘의 질문은 무엇일까?

화려하게 핀 독버섯

뒷마당에서 놀고 있는 꼬마

거짓말하는 양치기 소년

선생님이 들려주는 것과 다른 부분에 표시하고, 들은 대로 바르게 고쳐 쓰세요(선생님은 교사용 문장을 읽어 주세요).

1 자전거를 타 숲길을 신나게 달려요.
└→

2 앗, 저기 지게를 지고 가는 할버지가 있어요.
└→

3 따르릉 따르릉, 신호 소리가 들리지 않 봐요.
└→

4 피하지 않으면 다칠 수 있요.
└→

5 저런, 속도를 줄이지 않아 부딪치고 말았어요.
└→

6 자전거를 탈 는 항상 조심해야 해요.
└→

글자와 소릿값이 다른 낱말을 읽을 수 있어요.

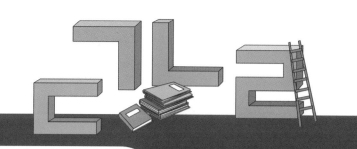

과제 7에서 배우는 낱말

	속눈썹	목말	석류	먹물	국물	묵념
학습 전						
학습 후						

◉ 읽을 수 있는 낱말에 ○ 하세요.

| 속눈썹 | 목말 | 묵념 | 먹물 | 국물 | 석류 |

낱말 찾기	선생님 따라 읽기	선생님과 같이 읽기	혼자 읽기(15~25초 사이에 읽으면 다음 과제로 넘어가기)		
성공한 횟수:	1회 ○ 2회 ○ 3회 ○	1회 ○ 2회 ○ 3회 ○	1회: 초	2회: 초	3회: 초

목말	속눈썹	먹물		국물	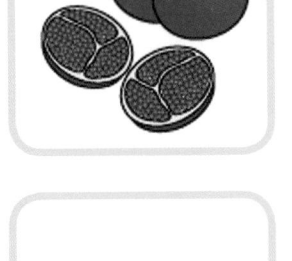
묵념			먹물	속눈썹	석류
	석류	국물	목말	묵념	

불러 주는 말을 잘 듣고 바르게 쓰인 낱말을 찾아보세요.

송눈썹	몽마	성류	멍물	궁물	뭉념
속눈섭	목말	석뉴	먹물	군물	묵염
속눈섶	몯마	성뉴	먿물	국문	묵몀
속눈썹	목말	석류	먹불	국물	묵넘
송눈섶	몰라	석루	먹울	국뭉	묵념

선생님 따라 읽기	선생님과 같이 읽기	혼자 읽기(15~25초 사이에 읽으면 다음 과제로 넘어가기)		
1회 ○ 2회 ○ 3회 ○	1회 ○ 2회 ○ 3회 ○	1회: 초	2회: 초	3회: 초

독립기념관 견학

머리를 묶는 소녀

박물관에 모여든 학생

온 국민의 소원

미녀는 석류를 좋아해

일 학년 막내의 눈물

박람회가 개최되는 도시

나무를 심는 식목일

겨울 식량을 준비하는 개미

부엌문을 여는 할머니

선생님이 들려주는 것과 다른 부분에 표시하고, 들은 대로 바르게 고쳐 쓰세요(선생님은 교사용 문장을 읽어 주세요).

1 쉬는 시간에 팔씨름 대회가 열려습니다.
↳

2 순철이와 세민이가 마보고 앉았습니다.
↳

3 수철이와 세민이가 오른팔을 책상 위에 올립니다.
↳

4 서로의 손을 마주잡고 히믈 겨룹니다.
↳

5 순철이가 힘을 주자 세민이 팔이 웁니다.
↳

6 순철이가 우리 학급에서 팔 힘이 가장 셉니다.
↳

글자와 소릿값이 다른 낱말을 읽을 수 있어요.

과제 8에서 배우는 낱말

	무릎	헝겊	잎사귀	나뭇잎	깻잎	꽃잎
학습 전						
학습 후						

◉ 읽을 수 있는 낱말에 ○ 하세요.

무릎 꽃잎 잎사귀 나뭇잎 깻잎 헝겊

   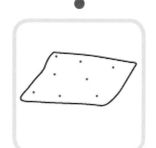 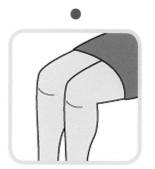 

과제 8-2단계 [사물-글자 명명]

낱말 찾기	선생님 따라 읽기	선생님과 같이 읽기	혼자 읽기(15~25초 사이에 읽으면 다음 과제로 넘어가기)		
성공한 횟수:	1회 ○ 2회 ○ 3회 ○	1회 ○ 2회 ○ 3회 ○	1회: 초	2회: 초	3회: 초

헝겊	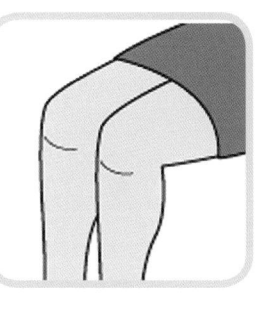	깻잎		잎사귀	
꽃잎	무릎	나뭇잎	잎사귀		
깻잎	헝겊	무릎	꽃잎	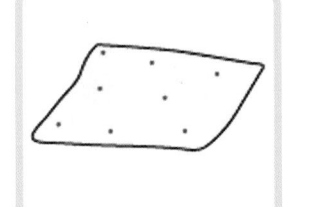	나뭇잎

불러 주는 말을 잘 듣고 바르게 쓰인 낱말을 찾아보세요.

무릅	헝겊	입사귀	나문입	깻잎	꼰닙
무릎	헝컵	잎사귀	나뭇입	깨님	꼳닙
무름	헝검	입사괴	나뭇잎	깨닙	꽃잎
부릎	헝겁	잎사괴	나묻잎	깬닙	꽃닙
뮤릎	형겊	잎사기	나무잎	깻닙	꽃입

과제 8-4단계 [문장 읽기]

선생님 따라 읽기	선생님과 같이 읽기	혼자 읽기(15~25초 사이에 읽으면 다음 과제로 넘어가기)		
1회 ○ 2회 ○ 3회 ○	1회 ○ 2회 ○ 3회 ○	1회: 초	2회: 초	3회: 초

숲 속 오솔길	길섶 나그네
무릎팍 도사	약국 앞 신호등
깻잎 한 장	헝겊으로 만든 인형
아름다운 단풍잎	철새가 날아오는 우포늪
꽃잎이 가득한 호수	짚신을 신고 있는 할아버지

선생님이 들려주는 것과 다른 부분에 표시하고, 들은 대로 바르게 고쳐 쓰세요(선생님은 교사용 문장을 읽어 주세요).

1 오늘 새 친구가 전학을 왔습다.
  ↳

2 덕천초등학교를 다니다가, 우리 학로 전학을 오는 거래요.
  ↳

3 큰 목소리로 자기소개하는 모습 씩씩해 보여요.
  ↳

4 누구랑 짜기 될지 궁금합니다.
  ↳

5 선생님께서 창가에 있는 현지 옆자리에 앉으라 하네요.
  ↳

6 우리 반 친구들과 사이조케 지낼 수 있으면 좋겠습니다.
  ↳

글자와 소릿값이 다른 낱말을 읽을 수 있어요.

과제 9에서 배우는 낱말

	국자	액자	박쥐	역기	악기	학교
학습 전						
학습 후						

◉ 읽을 수 있는 낱말에 ○ 하세요.

 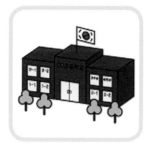    

국자 　 학교 　 박쥐 　 역기 　 악기 　 액자

과제 9-2단계 [사물-글자 명명]

낱말 찾기	선생님 따라 읽기	선생님과 같이 읽기	혼자 읽기(15~25초 사이에 읽으면 다음 과제로 넘어가기)		
성공한 횟수:	1회 ○ 2회 ○ 3회 ○	1회 ○ 2회 ○ 3회 ○	1회: 초	2회: 초	3회: 초

	악기	박쥐	역기		학교
	국자		학교		액자
국자	악기	액자		박쥐	역기

불러 주는 말을 잘 듣고 바르게 쓰인 낱말을 찾아보세요.

국짜	액짜	박쥐	엮기	악끼	학꾜
국자	엑자	박찌	역끼	아끼	하꾜
꾹자	엑스	박제	여기	악기	학교
굽자	액자	박수	역기	악어	학교
굳자	앱자	박지	역사	아껴	하꾜

과제 9-4단계 [문장 읽기]

선생님 따라 읽기	선생님과 같이 읽기	혼자 읽기(15~25초 사이에 읽으면 다음 과제로 넘어가기)		
1회 ○ 2회 ○ 3회 ○	1회 ○ 2회 ○ 3회 ○	1회: 초	2회: 초	3회: 초

책상과 걸상

청군과 백군

택시 기사 아저씨

가득 찬 객석

재미있는 낙서

백과사전에서 찾다

시원한 오이냉국

백짓장도 맞들면 낫다

국어책과 수학책을 펴다

야구장에서 맥주를 마시다

선생님이 들려주는 것과 다른 부분에 표시하고, 들은 대로 바르게 고쳐 쓰세요(선생님은 교사용 문장을 읽어 주세요).

1 저녁 노을이 질 무렵, 바닷가 산책하는 것은 참 신나는 일이에요.
↳

2 사실 나는 바다보다 산을 좋아하긴 해요.
↳

3 하지만 폭죽놀이를 할 수 있는 바다 산책은 정말 좋아해요.
↳

4 그리고 하야고 둥근 솜사탕도 정말 달콤하고 맛있잖아요.
↳

5 엄마, 아빠는 바다를 보며 커피 마시네요.
↳

6 행복한 우슴을 안겨다 주는 밤바다는 최고예요.
↳

글자와 소릿값이 다른 낱말을 읽을 수 있어요.

과제 10에서 배우는 낱말

	색종이	책가방	옥수수	독수리	과학자	세탁기
학습 전						
학습 후						

◉ 읽을 수 있는 낱말에 ○ 하세요.

| 색종이 | 책가방 | 옥수수 | 독수리 | 과학자 | 세탁기 |

과제 10-2단계 [사물-글자 명명]

낱말 찾기	선생님 따라 읽기	선생님과 같이 읽기	혼자 읽기(15~25초 사이에 읽으면 다음 과제로 넘어가기)		
성공한 횟수:	1회 ○ 2회 ○ 3회 ○	1회 ○ 2회 ○ 3회 ○	1회: 초	2회: 초	3회: 초

색종이	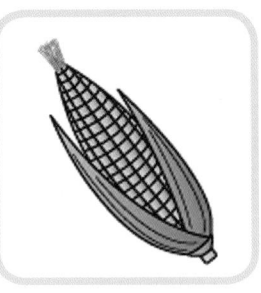	독수리	옥수수	과학자	책가방
	색종이	책가방		세탁기	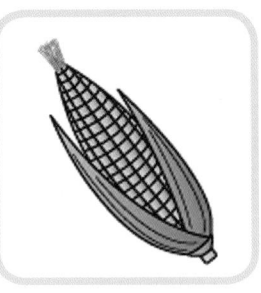
세탁기		독수리		옥수수	과학자

불러 주는 말을 잘 듣고 바르게 쓰인 낱말을 찾아보세요.

섹쫑이	채까방	옥쑤수	독쑤리	과학짜	세탁끼
색쫑이	책가방	옥쑤쑤	독수리	과확자	세탁기
새쪽이	책가방	옥수쑤	독수이	과확짜	세타끼
색종이	첵가방	옥수수	독쭈리	과학자	세탇기
새쫑이	책가방	옫수수	독수리	과획자	세탁기

과제 10-4단계 [문장 읽기]

선생님 따라 읽기	선생님과 같이 읽기	혼자 읽기(15~25초 사이에 읽으면 다음 과제로 넘어가기)		
1회 ○ 2회 ○ 3회 ○	1회 ○ 2회 ○ 3회 ○	1회: 초	2회: 초	3회: 초

애국가를 부르다	연못의 백조
뜨거운 떡국	욕심 많은 할아버지
백두산과 한라산	어두운 골목길
어려운 객관식 문제	탁자 위의 접시
색동저고리를 입은 새색시	음악실에서 들리는 고운 목소리

선생님이 들려주는 것과 다른 부분에 표시하고, 들은 대로 바르게 고쳐 쓰세요(선생님은 교사용 문장을 읽어 주세요).

1 아빠가 도넛을 여섯 개 오셨어요.
  ↳

2 형과 사이좋게 나누 먹으래요.
  ↳

3 도넛이 여섣 개니까, 세 개씩 나눠 먹으면 되겠죠.
  ↳

4 그런데 형이 도넛을 한 개만 건네줘요.
  ↳

5 형도 두 개만 먹고, 아버지와 어머니에게 한 개씩 갖 드리네요.
  ↳

6 역시 우리 형 최고예요.
  ↳

글자와 소릿값이 다른 낱말을 읽을 수 있어요.

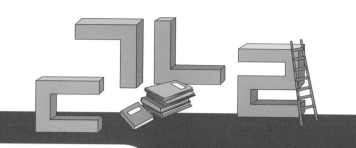

과제 11에서 배우는 낱말

	눈사람	눈동자	장난감	물감	물개	물고기
학습 전						
학습 후						

◉ 읽을 수 있는 낱말에 ○ 하세요.

  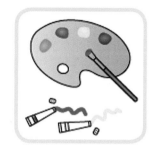   

눈사람	눈동자	장난감	물감	물개	물고기

낱말 찾기	선생님 따라 읽기	선생님과 같이 읽기	혼자 읽기(15~25초 사이에 읽으면 다음 과제로 넘어가기)		
성공한 횟수:	1회 ○ 2회 ○ 3회 ○	1회 ○ 2회 ○ 3회 ○	1회: 초	2회: 초	3회: 초

		눈사람	장난감	물감	눈동자
물개	눈동자	장난감		물고기	
물고기		눈사람		물감	물개

불러 주는 말을 잘 듣고 바르게 쓰인 낱말을 찾아보세요.

눈싸람	눈동자	징난감	물깜	믈게	물고키
눈사람	눈똥자	장난깜	물감	물게	물꼬기
눈사얌	눈동짜	장낭깜	물캄	물께	물코기
눈사암	눙동자	장낭감	묻감	물깨	물코끼
눙사람	눈농자	장난감	뭇감	물개	물고기

선생님 따라 읽기	선생님과 같이 읽기	혼자 읽기(15~25초 사이에 읽으면 다음 과제로 넘어가기)		
1회 ○ 2회 ○ 3회 ○	1회 ○ 2회 ○ 3회 ○	1회: 초	2회: 초	3회: 초

둥근 보름달

무서운 밤길

한겨울의 꼬마 눈사람

거칠어진 할머니 손등

문득 떠오른 생각

맛있는 비빔밥

눈 내리는 산길

문고리를 잡고 열어요

휴대전화로 문자 보내기

길가에 나무를 심자

선생님이 들려주는 것과 다른 부분에 표시하고, 들은 대로 바르게 고쳐 쓰세요(선생님은 교사용 문장을 읽어 주세요).

1 심장은 신체에서 중요 기관입니다.
  ↳

2 주기적인 수축 운동으로 혈액 온몸에 보내는 역할을 합니다.
  ↳

3 그뿐만 아닙니다.
  ↳

4 스트레스, 면역 체, 정서 조절도 관여합니다.
  ↳

5 심장 박동에 따라 안정을 찾기도 하는 경험을 해 보셨죠.
  ↳

6 심장 박동이 안정되면, 두려움과 미움 그리고 분노도 사라진답니다.
  ↳

글자와 소릿값이 다른 낱말을 읽을 수 있어요.

과제 12에서 배우는 낱말

	줄넘기	보름달	알림장	입술	접시	돋보기
학습 전						
학습 후						

◉ 읽을 수 있는 낱말에 ○ 하세요.

    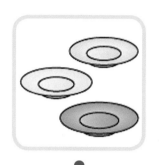 

| 줄넘기 | 보름달 | 알림장 | 입술 | 접시 | 돋보기 |

낱말 찾기	선생님 따라 읽기	선생님과 같이 읽기	혼자 읽기(15~25초 사이에 읽으면 다음 과제로 넘어가기)		
성공한 횟수:	1회 ○ 2회 ○ 3회 ○	1회 ○ 2회 ○ 3회 ○	1회: 초	2회: 초	3회: 초

알림장	돋보기		입술	접시	
접시			보름달		줄넘기
돋보기	입술	보름달	알림장		줄넘기

불러 주는 말을 잘 듣고 바르게 쓰인 낱말을 찾아보세요.

줄넘기	부름달	알림짱	입쑬	점시	돋보기
줄넘끼	보름딸	알림징	입술	점심	돋뽀기
줄럼기	보릅달	앙림짱	임쑬	접씨	돋포기
줄넘키	보름달	알닐잠	잎술	접시	돋봅기
줄럼끼	보릅딸	알림장	잇술	젒시	돋보키

과제 12-4단계 [문장 읽기]

선생님 따라 읽기	선생님과 같이 읽기	혼자 읽기(15~25초 사이에 읽으면 다음 과제로 넘어가기)		
1회 ○ 2회 ○ 3회 ○	1회 ○ 2회 ○ 3회 ○	1회: 초	2회: 초	3회: 초

넘실대는 물결

거센 물줄기

가벼운 발걸음

출석을 부르는 선생님

한여름 밤의 꿈

어제 결석을 한 친구

오래 참고 견디면

열쇠로 문을 잠그다

갑자기 쏟아지는 소낙비

아빠 발가락 아기 발가락

선생님이 들려주는 것과 다른 부분에 표시하고, 들은 대로 바르게 고쳐 쓰세요(선생님은 교사용 문장을 읽어 주세요).

1 사람의 체온은 36.5 입니다.
↳

2 체온이 42도 이상 올라가 생명이 위기입니다.
↳

3 신체를 구성하는 단백찌리 변형되기 시작하기 때문이죠.
↳

4 반대로, 28도 이하로 내려가 혼수상태가 됩니다.
↳

5 열은 온도가 높은 곳서 낮은 곳으로 이동합니다.
↳

6 열이 날 때, 이마를 만져 주는 엄마 손이 약손인 까닭 이 때문입니다.
↳

과제 13에서 배우는 낱말

	장독	장바구니	등불	용돈	강가	종소리
학습 전						
학습 후						

◉ 읽을 수 있는 낱말에 ○ 하세요.

| 장독 | 장바구니 | 등불 | 종소리 | 강가 | 용돈 |

낱말 찾기	선생님 따라 읽기	선생님과 같이 읽기	혼자 읽기(15~25초 사이에 읽으면 다음 과제로 넘어가기)		
성공한 횟수:	1회 ○ 2회 ○ 3회 ○	1회 ○ 2회 ○ 3회 ○	1회: 초	2회: 초	3회: 초

종소리	장독		용돈	등불	
	강가	장바구니		등불	
장바구니	용돈	종소리	강가		장독

116

불러 주는 말을 잘 듣고 바르게 쓰인 낱말을 찾아보세요.

장돈	장마구니	든불	용똔	강까	종소이
장독	장빠구니	등뿔	용돈	강카	종조리
정독	징바구니	들불	용돋	간까	종소니
장똑	장바군이	등뿔	욘동	강가	존소리
장돋	장바구니	등불	용돈	강카	종소리

선생님 따라 읽기	선생님과 같이 읽기	혼자 읽기(15~25초 사이에 읽으면 다음 과제로 넘어가기)		
1회 ○ 2회 ○ 3회 ○	1회 ○ 2회 ○ 3회 ○	1회: 초	2회: 초	3회: 초

커진 궁금증

덕수궁 돌담길

우리 집의 자랑거리

가득 담긴 장바구니

멀리서 들려오는 종소리

강가의 돌멩이

용돈을 모아요

가뭄에 드러난 강바닥

바람결이 날리는 머리

등불을 켠 외로운 밤

선생님이 들려주는 것과 다른 부분에 표시하고, 들은 대로 바르게 고쳐 쓰세요(선생님은 교사용 문장을 읽어 주세요).

1 아프리카에서 초콜릿이 마시는 음료였답니다.
↳

2 카카오 즙으로 만든 음료로, 신들의 음식이라는 뜻도 가졌대요.
↳

3 콜럼버스 탐험 이후, 유럽 대류으로 초콜릿이 전해졌답니다.
↳

4 유럽인들은 초콜릿을 더 만이 만들고 싶어 했습니다.
↳

5 그래서 열대 우림을 파괴하고, 대규모 커피 농장을 세웠어요.
↳

6 그리고 비용을 낮추기 위해 아이들을 헐값으로 노동을 시켰대요.
↳

글자와 소릿값이 다른 낱말을 읽을 수 있어요.

과제 14에서 배우는 낱말

	숫자	깃발	칫솔	촛불	횃불	맷돌
학습 전						
학습 후						

◉ 읽을 수 있는 낱말에 ○ 하세요.

숫자	깃발	칫솔	촛불	횃불	맷돌

과제 14-2단계 [사물-글자 명명]

낱말 찾기	선생님 따라 읽기	선생님과 같이 읽기	혼자 읽기(15~25초 사이에 읽으면 다음 과제로 넘어가기)		
성공한 횟수:	1회 ○ 2회 ○ 3회 ○	1회 ○ 2회 ○ 3회 ○	1회:　초	2회:　초	3회:　초

맷돌			촛불	숫자	
횃불	숫자		칫솔	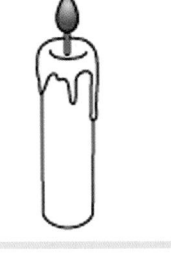	깃발
칫솔	횃불	깃발	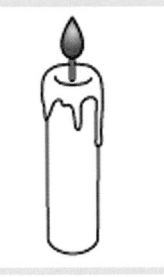	맷돌	촛불

불러 주는 말을 잘 듣고 바르게 쓰인 낱말을 찾아보세요.

숟자	깃발	칟솔	촛불	횃불	맷똘
숫자	긷발	칫솔	촛뿔	홰뿔	매똘
숫짜	깄발	치쏠	촌불	회뿔	매돌
수짜	깃빨	칫쏠	초불	횟불	맷돌
숫차	기팔	칟쏠	촛불	햇불	맷돌

선생님 따라 읽기	선생님과 같이 읽기	혼자 읽기(15~25초 사이에 읽으면 다음 과제로 넘어가기)		
1회 ○ 2회 ○ 3회 ○	1회 ○ 2회 ○ 3회 ○	1회: 초	2회: 초	3회: 초

칫솔과 치약

그 사람 뱃속을 알 수가 없다

두툼한 귓밥

탯줄 보관함

따가운 여름 햇살

깃발을 휘날리며

볏단을 나르는 농부

태풍 뒤 사라진 뱃길

횃불을 들고 나타난 사람들

구슬픈 노랫가락이 흘러나온다

선생님이 들려주는 것과 다른 부분에 표시하고, 들은 대로 바르게 고쳐 쓰세요(선생님은 교사용 문장을 읽어 주세요).

1 김득신은 조선시대 최고의 문인입니다.
↳

2 어릴 적 글을 배움에 있어 우수하여, 주위 사람들의 놀림을 받았습니다.
↳

3 하지만 포기할 줄 몰랐던 그는 계속 읽고 읽었습니다.
↳

4 마침내 과거급로 성균관에 입학하였습니다.
↳

5 이때 나이가 59세였답다.
↳

6 포기하지 않고, 끝까지 노력하는 이룰 수 있습니다.
↳

글자와 소릿값이 다른 낱말을 읽을 수 있어요.

과제 15에서 배우는 낱말

	뱃사공	나뭇가지	냇가	찻잔	기찻길	조갯살
학습 전						
학습 후						

◉ 읽을 수 있는 낱말에 ○ 하세요.

뱃사공　나뭇가지　냇가　조갯살　기찻길　찻잔

   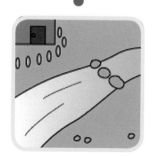  

낱말 찾기	선생님 따라 읽기	선생님과 같이 읽기	혼자 읽기(15~25초 사이에 읽으면 다음 과제로 넘어가기)		
성공한 횟수:	1회 ○ 2회 ○ 3회 ○	1회 ○ 2회 ○ 3회 ○	1회: 초	2회: 초	3회: 초

냇가		기찻길		찻잔	조갯살
찻잔	나뭇가지	뱃사공	기찻길	냇가	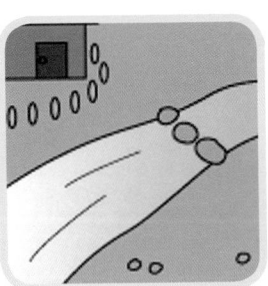
나뭇가지		뱃사공	조갯살		

불러 주는 말을 잘 듣고 바르게 쓰인 낱말을 찾아보세요.

뺀사공	나묻가지	냇가	찻잔	기찻낄	조갯살
벳사공	나뭇까지	냇가	차잔	기찬낄	조겟살
뱃싸공	나묻까지	내까	찾잔	기차길	조겟갈
뺀싸공	나뭇가지	내가	찻짠	기찻길	조갠살
뱃사공	나뭇가지	냇가	찬짠	기찾낄	조갯쌀

선생님 따라 읽기	선생님과 같이 읽기	혼자 읽기(15~25초 사이에 읽으면 다음 과제로 넘어가기)		
1회 ○ 2회 ○ 3회 ○	1회 ○ 2회 ○ 3회 ○	1회: 초	2회: 초	3회: 초

부러진 나뭇가지

시원한 미숫가루

소문난 잔칫상

촛불을 켜 둔 초가집

잿더미가 된 도시

예쁜 찻잔에 담긴 커피

기찻길 옆 오막살이

콧등이 짠해지는 슬픈 영화

냇가에서 빨래하는 아낙네

나룻배로 짐을 실어 나르는 뱃사공

선생님이 들려주는 것과 다른 부분에 표시하고, 들은 대로 바르게 고쳐 쓰세요(선생님은 교사용 문장을 읽어 주세요).

1 천재 피아니트, 클라라 하스킬을 아시나요?
↳

2 악보도 볼 줄 몰랐지만, 한 들은 곡도 멋지게 연주했답니다.
↳

3 하지만 18세에 '세포 경화증'이라는 불치병에 걸려 고추가 되어 버렸어요.
↳

4 2차 세계대전이 일어나자 유태인인 그녀는 피난에 오를 수밖에 없었어요.
↳

5 전쟁이 끝난 후, 베를린 필하모닉과 협연이 가졌습니다.
↳

6 모든 사람의 마음을 울린, 감동적인 무대를 장식한 곱추 노인이었습니다.
↳

글자와 소릿값이 다른 낱말을 읽을 수 있어요.

과제 16에서 배우는 낱말

	빗자루	빗방울	젓가락	기찻길	방앗간	전봇대
학습 전						
학습 후						

◉ 읽을 수 있는 낱말에 ○ 하세요.

빗자루 빗방울 젓가락 기찻길 방앗간 전봇대

낱말 찾기	선생님 따라 읽기	선생님과 같이 읽기	혼자 읽기(15~25초 사이에 읽으면 다음 과제로 넘어가기)		
성공한 횟수:	1회 ○ 2회 ○ 3회 ○	1회 ○ 2회 ○ 3회 ○	1회: 초	2회: 초	3회: 초

| 빗방울 | 기찻길 |  | 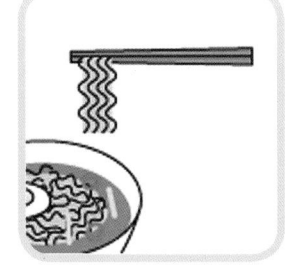 |

| 방앗간 | 전봇대 |  | 빗자루 | 젓가락 | 빗방울 |

| 젓가락 | 빗방울 | 빗자루 | 기찻길 | 방앗간 | 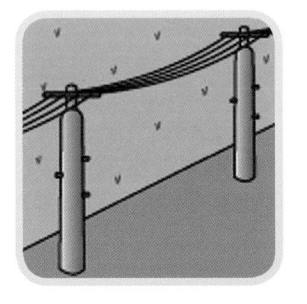 |

불러 주는 말을 잘 듣고 바르게 쓰인 낱말을 찾아보세요.

빋자루	빗방욷	젓가락	기찻길	방아깐	전보때
빚자루	빗방울	젓까락	기찬길	방앋간	전볻때
빚짜루	빗빵울	젖가락	기차낄	방앗간	전봇대
빗자루	빋방울	젇까락	기찿낄	방앗깐	전봇때
빗짜루	비빵울	저까락	기찿길	방앋깐	전봇대

과제 16-4단계 [문장 읽기]

선생님 따라 읽기	선생님과 같이 읽기	혼자 읽기(15~25초 사이에 읽으면 다음 과제로 넘어가기)		
1회 ○ 2회 ○ 3회 ○	1회 ○ 2회 ○ 3회 ○	1회: 초	2회: 초	3회: 초

가득 찬 귓밥

빗자루와 쓰레받기

젓가락 행진곡

참새와 방앗간

아랫집 윗집 사이에

빗방울이 제법 굵다

어젯밤 꿈속에

다람쥐 쳇바퀴 돌 듯하다

부싯돌로 불을 붙이는 원시인

하룻강아지 범 무서운 줄 모른다

선생님이 들려주는 것과 다른 부분에 표시하고, 들은 대로 바르게 고쳐 쓰세요(선생님은 교사용 문장을 읽어 주세요).

1 장애를 이겨 기적의 여인, 헬렌 켈러를 아시나요?
  ↳

2 그녀는 듣지도, 보지는 못하는 청각장애와 시각장애를 가지고 태어났습니다.
  ↳

3 헬렌 켈러 눈과 귀가 되어 준 사람은 설리번 선생님이셨죠.
  ↳

4 하지만 헬렌 헬러가 장애를 극복한 이후에 어떤 삶 살았는지는 잘 모르죠.
  ↳

5 그녀는 1차 세계대전이 일어난 후, 미국 윌슨 대통령을 신랄게 비판합니다.
  ↳

6 그리고 노동자를 취하는 공정, 빈민가를 방문하며 복지사업에 힘썼답니다.
  ↳

부록

4권 아동 반응 기록지

[5단계_문장 듣기] 교사용 문장

글자-그림카드 맞추기

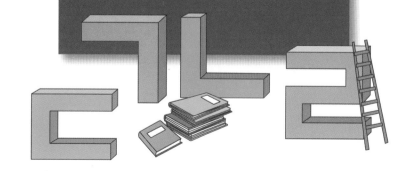

연습일	과제	낱말	시도 1	시도 2
	1	낙엽 문어 얼음 참외 음악 웃음		
	2	책꽂이 학용품 귀걸이 외톨이 식용유 놀이터		
	3	등받이 미닫이 물받이 턱받이 해돋이 가을걷이		
	4	인형 전화 만화 간호사 신호등 봉선화		
	5	국화 식혜 북한 축하 독학 국회		
	6	송곳 다섯 버섯 그릇 빗물 수돗물		
	7	속눈썹 목말 석류 먹물 국물 묵념		
	8	무릎 헝겊 잎사귀 나뭇잎 깻잎 꽃잎		
	9	국자 액자 박쥐 역기 악기 학교		
	10	색종이 책가방 옥수수 독수리 과학자 세탁기		
	11	눈사람 눈동자 장난감 물감 물개 물고기		
	12	줄넘기 보름달 알림장 입술 접시 돋보기		
	13	장독 장바구니 등불 용돈 강가 종소리		
	14	숫자 깃발 칫솔 촛불 횃불 맷돌		
	15	뱃사공 나뭇가지 냇가 찻잔 기찻길 조갯살		
	16	빗자루 빗방울 젓가락 기찻길 방앗간 전봇대		

과제 1

1. 꾸러기 곰돌이는 다람쥐 별자리(를) 찾고 싶었습니다.

2. 저 하늘에는 분명 다람쥐 별자(리)가 있을 거예요.

3. 저렇게 많은 별(들) 중에서 다람쥐 별자리를 어떻게 찾을 수 있을 까요?

4. 야호, 저기에 다람쥐 별(자리가) 보여요.

5. 별이 아무리 많아도 (다)람쥐 별자리는 금방 찾을 수 있어요.

과제 2

1. 친구들이 모두 모여 목욕(을) 하나 봐요.

2. 쓱쓱 싹싹, 첨벙첨(벙) 재미있게 목욕을 하네요.

3. 깔깔거리는 웃음소리(가) 여기까지 들려요.

4. 하지만 나는 목욕하(는) 게 제일 싫어요.

5. 나는 물을 (무서워)하거든요.

6. 그래도 오늘은 재(미)있게 목욕할 수 있을 것 같아요.

과제 3

1. 1학년 5반 친구들이 숨바꼭질을 합(니)다.

2. 가위바위보, 누가 누(가) 술래일까요?

3. 지혜가 술래(가) 되었어요.

4. 친구들이 (숨)을 때까지 지혜는 눈을 감고 있어야 해요.

5. 무궁화 꽃(이) 피었습니다.

6. 나무 뒤에 숨은 철(민)이를 찾았습니다.

과제 4

1. 가족들(과) 동물원 구경을 다녀왔습니다.

2. 펭귄들은 언제 봐도 귀(여)워요.

3. 수달이 움직이는 모습은 이리저리 튀(는) 공처럼 빨라요.

4. 모래 위에 있는 카멜(레)온은 쉽게 구별이 안 돼요.

5. 타조가 목을 길게 내밀며 (큰) 눈으로 쳐다보면 무서워요.

6. 사자(는) 동물의 왕답게 큰 목소리로 으르렁거리네요.

과제 5~8 [5단계_문장 듣기] 교사용 문장

과제 5

1. 여름에는 시원(한) 수박이 최고예요.

2. 수박은 화채로 만들어 먹으(면) 더욱 맛있어요.

3. 먼저, 커다란 그릇과 칼을 준(비)해요.

4. 그리고 수박, 자두, 복숭아, 키위 등 맛있는 과일을 썰(어)요.

5. 마지막으로, 얼(음)과 사이다를 섞어 보세요.

6. 한여름의 더위를 날려버릴 시원한 (화)채가 완성되었어요.

과제 6

1. 자전거를 타(고) 숲길을 신나게 달려요.

2. 앗, 저기 지게를 지고 가는 할(아)버지가 있어요.

3. 따르릉 따르릉, 신호 소리가 들리지 않(나) 봐요.

4. 피하지 않으면 다칠 수 있(어)요.

5. 저런, 속도를 줄이지 (못해) 부딪치고 말았어요.

6. 자전거를 탈 (때)는 항상 조심해야 해요.

과제 7

1. 쉬는 시간에 팔씨름 대회가 열(렸)습니다.

2. 순철이와 세민이가 마(주)보고 앉았습니다.

3. (순)철이와 세민이가 오른팔을 책상 위에 올립니다.

4. 서로의 손을 마주잡고 (힘을) 겨룹니다.

5. 순철이가 힘을 주자 세민이 팔이 (기)웁니다.

6. 순철이가 우리 학급에서 팔 힘이 (제일) 셉니다.

과제 8

1. 오늘 새 친구가 전학을 왔습(니)다.

2. 덕천초등학교를 다니다가, 우리 학(교)로 전학을 오는 거래요.

3. 큰 목소리로 자기소개하는 모습(이) 씩씩해 보여요.

4. 누구랑 (짝이) 될지 궁금합니다.

5. 선생님께서 창가에 있는 현(규) 옆자리에 앉으라 하네요.

6. 우리 반 친구들과 사이(좋게) 지낼 수 있으면 좋겠습니다.

과제 9

1. 저녁 노을이 질 무렵, 바닷가(를) 산책하는 것은 참 신나는 일이에요.
2. 사실 나는 바다보다 산을 (더) 좋아하긴 해요.
3. 하지만 폭죽놀이를 할 수 있는 (밤)바다 산책은 (엄청) 좋아해요.
4. 그리고 하(얗)고 둥근 솜사탕도 정말 달콤하고 맛있잖아요.
5. 엄마, 아빠는 바다를 보며 커피(를) 마시네요.
6. 행복한 (웃음)을 안겨다 주는 밤바다는 최고예요.

과제 10

1. 아빠가 도넛을 여섯 개 (사) 오셨어요.
2. 형과 사이좋게 나(눠) 먹으래요.
3. 도넛이 여(섯) 개니까, 세 개씩 나눠 먹으면 되겠죠.
4. 그런데 형이 도넛을 (두) 개만 건네줘요.
5. 형도 두 개만 먹고, 아버지와 어머니에게 한 개씩 갖(다) 드리네요.
6. 역시 우리 형(은) 최고예요.

과제 11

1. 심장은 신체에서 중요(한) 기관입니다.
2. 주기적인 수축 운동으로 혈액(을) 온몸에 보내는 역할을 합니다.
3. 그뿐만(이) 아닙니다.
4. 스트레스, 면역 체(계), 정서 조절도 관여합니다.
5. 심장 박동에 따라 안정을 (되)찾기도 하는 경험을 해 보셨죠.
6. 심장 박동이 안정되면, 두려움과 (질투) 그리고 분노도 사라진답니다.

과제 12

1. 사람의 체온은 36.5(도)입니다.
2. 체온이 42도 이상 올라가(면) 생명이 위(험해집)니다.
3. 신체를 구성하는 단백(질이) 변형되기 시작하기 때문이죠.
4. 반대로, 28도 이하로 내려가(도) 혼수상태가 됩니다.
5. 열은 온도가 높은 곳(에)서 낮은 곳으로 이동합니다.
6. 열이 날 때, 이마를 만져 주는 엄마 손이 약손인 까닭(은) 이 때문입니다.

과제 13~16 [5단계_문장 듣기] 교사용 문장

과제 13

1. 아프리카에서(는) 초콜릿이 마시는 음료였답니다.
2. 카카오 즙으로 만든 음료로, 신들의 음식이라는 뜻(을) 가졌대요.
3. 콜럼버스 탐험 이후, 유럽 대(륙)으로 초콜릿이 전해졌답니다.
4. 유럽인들은 초콜릿을 더 (많)이 만들고 싶어 했습니다.
5. 그래서 열대 우림을 파괴하고, 대규모 (카카오) 농장을 세웠어요.
6. 그리고 비용을 낮추기 위해 아이들을 헐(값)으로 노동을 시켰대요.

과제 14

1. 김득신은 조선시대 최고의 (시)인입니다.
2. 어릴 적 글을 배움에 있어 우(둔)하여, 주위 사람들의 놀림을 받았습니다.
3. 하지만 포기할 줄 몰랐던 그는 계속 읽고 (또) 읽었습니다.
4. 마침내 과거급(제)로 성균관에 입학하였습니다.
5. 이때 나이가 59세였답(니)다.
6. 포기하지 않고, 끝까지 노력하(면) 이룰 수 있습니다.

과제 15

1. 천재 피아니(스)트, 클라라 하스킬을 아시나요?
2. 악보도 볼 줄 몰랐지만, 한 (번) 들은 곡도 멋지게 연주했답니다.
3. 하지만 18세에 '세포 경화증'이라는 불치병에 걸려 (곱)추가 되어 버렸어요.
4. 2차 세계대전이 일어나자 유태인인 그녀는 피난(길)에 오를 수밖에 없었어요.
5. 전쟁이 끝난 후, 베를린 필하모닉과 협연(을) 가졌습니다.
6. 모든 사람의 마음을 울린, 감동적인 무대를 장식한 (사람은) 곱추 노인이었습니다.

과제 16

1. 장애를 이겨(낸) 기적의 여인, 헬렌 켈러를 아시나요?
2. 그녀는 듣지도, 보지(도) 못하는 청각장애와 시각장애를 가지고 태어났습니다.
3. 헬렌 켈러(의) 눈과 귀가 되어 준 사람은 설리번 선생님이셨죠.
4. 하지만 헬렌 (켈)러가 장애를 극복한 이후에 어떤 삶(을) 살았는지는 잘 모르죠.
5. 그녀는 1차 세계대전이 일어난 후, 미국 윌슨 대통령을 신랄(하)게 비판합니다.
6. 그리고 노동자를 (착)취하는 공(장), 빈민가를 방문하며 복지사업에 힘썼답니다.

문어	웃음	얼음	낙엽	음악	참외
학용품	외톨이	책꽂이	식용유	귀걸이	놀이터

턱받이	해돋이	미닫이	가을걷이	등받이	물받이
신호등	전화	인형	봉선화	간호사	만화

| 북한 | 축하 | 국회 | 국화 | 식혜 | 독학 |

| 버섯 | 그릇 | 다섯 | 빗물 | 송곳 | 수돗물 |

목말	속눈썹	먹물	석류	묵념	국물
무릎	헝겊	나뭇잎	깻잎	꽃잎	잎사귀

박쥐	학교	국자	액자	악기	역기
옥수수	색종이	과학자	세탁기	책가방	독수리

			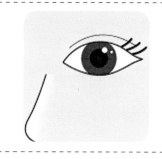		
눈사람	물고기	물감	눈동자	장난감	물개

돋보기	입술	줄넘기	보름달	접시	알림장

등불	장독	용돈	장바구니	강가	종소리
숫자	맷돌	촛불	칫솔	깃발	횃불

				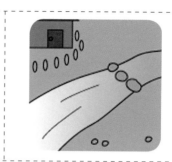	
나뭇가지	뱃사공	조갯살	기찻길	냇가	찻잔
					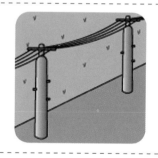
빗자루	젓가락	기찻길	빗방울	방앗간	전봇대

저자소개

김기주
(Kiju Kim)
소리나라 언어발달 심리치료센터 원장
대구대학교 재활과학대학원 석사(언어치료 전공)
부산대학교 특수교육대학원 박사(학습장애 전공)

김자경
(Jakyoung Kim)
부산대학교 특수교육학과 교수
미국 미주리 주립대학교 석, 박사(학습장애 전공)

학령기 아동의 언어치료를 위한

소리나라 한글 배우기 ❹ 글자와 소릿값이 다른 낱말
SORINARA' HANGEUL study for school age children ❹

2015년 1월 20일 1판 1쇄 발행
2024년 1월 25일 1판 4쇄 발행

지은이 • 김기주 · 김자경
펴낸이 • 김진환
펴낸곳 • ㈜ **학지사**
    04031 서울특별시 마포구 양화로 15길 20 마인드월드빌딩
대표전화 • 02)330-5114   팩스 • 02)324-2345
등록번호 • 제313-2006-000265호

홈페이지 • http://www.hakjisa.co.kr
인스타그램 • https://www.instagram.com/hakjisabook

ISBN 978-89-997-0552-6 94370
    978-89-997-0548-9 94370 (set)

정가 16,000원

출판미디어기업 **학지사**

간호.보건의학출판 **학지사메디컬** www.hakjisamd.co.kr
심리검사연구소 **인싸이트** www.inpsyt.co.kr
학술논문서비스 **뉴논문** www.newnonmun.com
교육연수원 **카운피아** www.counpia.com